Difuso
Fernando Dezena

Prefácio
Ricardo Viveiros

1ª edição, 2022 | São Paulo

LARANJA ● ORIGINAL

Prefácio

O prazer da poesia

Desde que surgiu o ser humano, com ele surgiu também a poesia. Esse gênero literário que mais exige inspiração, que permite como nenhum outro a riqueza das palavras, a força das expressões. A poesia transmite emoções que transcendem a razão.

Antes da educação, que nos prepara para descobrir o mundo, está a cultura, que nos faz sentir tudo o que existe de modo amplo e especial para cada um. A alma sempre descobre a felicidade, com o mesmo empenho que luta contra a tristeza.

Os poetas são pessoas que amam a vida, que investigam seus caminhos e descobrem suas dores e alegrias. E o fazem com absoluta magia. A mesma magia que esconde os mistérios do nascer e do morrer, do que há ou não além da vida. Os poetas são contadores de histórias, garimpeiros de sentimentos.

Fui criado em saraus. Música e poesia. As pessoas uniam-se em torno dos intérpretes e desfrutavam, evoluíam com o som quer dos instrumentos quer das palavras. Nem todo poema tem poesia, muitas vezes um texto em prosa é mais poético. Porque a poesia está na maneira como o autor transmite seu olhar sobre as coisas. O poeta tem visão única, original e surpreendente. Não escreve apenas belas palavras reunidas com habilidade.

Eu creio que a poesia revela o sentimento mais profundo de um ser. E sabe alcançar pela mente o coração do leitor. A poesia é um desafio. Tive a felicidade de conviver com Carlos Drummond de Andrade, um dos grandes poetas de nossa língua, que escreveu: "Lutar com palavras é a luta mais vã. Entanto lutamos mal rompe a manhã". A poesia é isso, uma busca incessante, uma determinação em trazer a vida sob um olhar distinto que faça pensar.

Aqui, neste novo livro do poeta Fernando Dezena, ironicamente nada é "Difuso". Tudo é sucinto, claro, penetrante. Seus poemas oferecem aos leitores o puro prazer da poesia, provocam inquietação. Temos neste cancioneiro a certeza de que a poesia é necessária como o ar que respiramos. Nesses poemas até alguns excessos são permitidos, porque o poeta tem um olhar que vai muito além do "mais do mesmo". São versos que transbordam emoção, que equilibram a dureza e a beleza do dia a dia e reafirmam o que está muito acima da realidade. Eis um exemplo:

hoje a memória da casa
mora em todos os cantos
e ouço nos sonhos
o uivo do vento a roçar as paineiras
quando das tempestades surgia a vela de azeite
e os baldes socorriam as goteiras intermináveis
como os partos de minha mãe
os sonhos de meu pai
e o soluço de cada irmão

Dezena tem uma aliança com o viver. Ele rompe o silêncio do cotidiano com a voz do inusitado e garante a certeza de que vale a pena ganhar e perder - afinal, o importante é ser poeta. E ele é. Confira tudo isso nas páginas deste livro que vai lhe fazer viajar por um mundo diferente de tudo o que você já sentiu.

Ricardo Viveiros

o poema de Itabira
nasce em pedra e ferro
o meu concreto armado
de um muro que não se acaba
áspero imperfeito
e flui pelas palavras
nascentes da mantiqueira
onde me banhei pensando purificar

o poema cai assim
água gelada da encosta
fôlego perdido
acreditando morrer
e respingo pelo caminho
não o suor da luta
nem o sangue das mãos calejadas
mas o líquido que teima em não secar

minha alma
desde Nossa Senhora de Lourdes
pia batismal
vive encharcada de poesia
por vezes transborda
outras posta-se em vigília
diferente de meu corpo frágil de carne e sangue
de dor de sexo e medo

quando morrer
minha alma será água cimento e poesia

esse caroço de manga
chupado
em fiapos largado
lembra-me arte

coisa de moleque
que não se conta
(se lembra)

o laço bem dado
mal desatado
fez nó

augusto dos cantos
augusto dos prantos
augusto da morte
augusto da dor
em única voz
como cantar
em poema esquelético
tal pandemia?
o mundo parado
o gosto do nada
a noite que espreita?
teu canto, augusto
dos anjos da morte
amigo, virá até nós?
espantos e cantos
cortejos de medo
augusto são tantos
a zombar deste enredo
selo sem norte
terra e defuntos
augusto, são muitos
sem velas partindo

emilly rebeca

duque tu és caxias
de muitos e poucos santos
de Emilly e Rebeca
de sonhos de dores-pranto

caxias patrono infame
das guerras e armas duras
a paz não te conhece
galardões de ditaduras

a bala que fere e mata
tua luta e vitória
não apaga o sangue horrendo
que levamos na memória

e em nosso caminhar
ficará perdido o tempo
das irmãs, primas e filhas
que na vida foi-se ao vento

sangue seco na calçada
de marcas de pés dançantes
lavou a água em limpeza
as dores alucinantes

duque tu és caxias
de muitos e poucos santos
de Emilly e Rebeca
de sonhos de dores-pranto

de duque de caxias
esparge-se a podridão
onde há todo o medonho
de irmão matando irmão

furúnculo na pele
purgando purgando purgando
o sentimento que conter não posso
a dor que amainar não devo
o gosto de terra
o tato de terra
a terra sob os pés marcando os passos
purgo a escrita com violência
e desfaleço

do prostíbulo
a mulher observa os navios
que singram águas calmas
cansados do mar
e se deixam lânguidos
às amarras do cais

a escada leva à igreja
não ao céu
e os mendigos suspiram
o seu martírio

uma hora e meia
meia hora
e tudo se desfaz
no relógio quebrado no pulso

os mortos ficam pelo caminho
e meus braços cansados de bradar
minha mão dos versos
meus olhos no horrendo caos

onde está a juventude?

os pés descalços corriam
pelas poeirentas estradas da mantiqueira
e banhava o suor do corpo
nas inesgotáveis fontes

hoje
a esperança como alma-de-gato
embrenha-se na mata
fugidia, tão fugidia

soneto da confissão

ah esse rosto emoldurado
no espelho de todas as manhãs
o relógio ritmado no alerta
esse cheiro de café perpetuado

ah esse olhar exangue do que fui
essa pressa constante pelas ruas
o desespero da prece ante o inaudito
e o soluço recluso em silêncio

ah esse medo de amor, esse recato
esse reencontrar no próprio mundo
essas fugidias mãos sem memória
ah essas mãos que carregam o pecado
e deixam na pele o último carinho
e cavam a terra fria como um berço

a flor da montanha

guardião da liberdade
bela flor da montanha
e se terei de lutar
se terei de morrer
morrerei pela liberdade

esse louco
e os fascistas da nova era
querem impor a escuridão ao povo
serei eu um simples soldado
a levar a linda flor da montanha
a única flor
a flor da liberdade

por isso
despeço-me agora
falarei com meus irmãos e amigos
falarei que o mundo deve ser livre
levarei para todos a flor da montanha
a semente da flor da montanha
por isso, adeus
e todo o amor fica na luta contra os fascistas
levarei a flor da montanha
sou da resistência
venho semear a liberdade

a fossa se acabou
não existem mais bares à meia-luz
violão
algo de novo no silêncio
a bossa se foi
com um tal João
ou será Gilberto?
jeito certo
dedilhando a canção

um cantinho um violão
este amor, uma canção
pra fazer feliz a quem se ama

o caminhar
pautado por estas notas distantes
quase morrendo, brotando do nada
o que farei na intrepidez da nova estrada?

não caibo
e me consumo no retrovisor

a memória de ontem
traz certo rancor
imagens de medo

tento guardá-la
mas em erupção
explode a bílis em bolor

Moïse

sou bravo sou forte
em meu corpo a alegria
nas danças que um dia
quiseram conter

Moïse
de poucos matizes
filho de toda esperança
rufam tambores no Congo
rufam no passado e agora
em público espancado
pela paga do suor humano
no pelourinho do dia
ecoando por toda a história
rufam tambores no Congo
rufam no passado e agora

sou bravo sou forte
sou filho de negros
carrego os segredos
de meus ancestrais

Moïse
de tantos sonhos
no país dos milicianos
levado ao patíbulo foi
ao palpar a vã liberdade
rufam tambores no Congo
rufam em nossas cidades
preciso calar o festim

do sangue nas mãos de covardes
batam os tambores nos morros
no luto de toda a cidade

sou bravo sou forte
não trago preguiça
liberdade e justiça
são meus ideais

Moïse
como bicho encurralado
teve a vida decepada
nas batidas do covarde
sem o oco do tambor
e o sangue que espargia
não era da mão que batia
ritmando uma nação
mas do couro que havia
se rompido na agonia
oh carrasco maldição

o pé na jaca
a mão na faca
a boca no beijo

   o desejo de fuga
   casca de uva
   a voz de melão
                   essa não
a faca na mão cortando a jaca?
não fujo com grito
           repito
não fujo com grito
            apito
um gol do campeonato mexicano
não me engano

e a boca fica assim
gosto de melancia
(não olhe assim)
não contei que havia?

queima de pinga
abre apetite
e esse desamor
empolga
molhei de cachaça a minha ressaca
deixei-me entre rua e calçada
meio de viver
fio para acontecer
no desespero peguei bituca de cigarro
as plastas de catarro joguei na avenida
que folia!

era dia
um lindo dia

abraço-me ao tempo
que se esvai pelos poros
como a tarde que se acaba
nas trevas
ou a criança que chora
na batalha perdida ao sono

e me mordo
e me agarro
e me sacrifico

e envelheço
ao velar o inevitável
ante a chama na súplica inaudível
quando a brisa a balança com carinho
preparando o sopro derradeiro

ao tempo em que o mar
se faz em ondas
gracioso
algo dentro de mim
traz revoada de pintassilgos

o cheiro de mato
o gosto de sal
a brisa pelo caminho
as paineiras no inverno enfileiradas
sem folhas, secas como as mãos de meu pai
aguardam a primavera

assim
o olhar dos homens sobre as flores
traz sossego para a primeira brota

a lua ovalada
deu-me sentido de morte
no outro dia
quase cheia
engravidou-se de mim

Canavieiros

a mão áspera de pele
    espera
o dia de luta
    labuta de sol
    açoite e dor

a brisa da tarde
acaricia a noite
e a água carrega
o sal de todo o dia

prende-se à teia
o pó do varrer
das coisas sentidas

pensei, neste resto de dia,
tarde vermelha
onde estão meus irmãos?

se é quase noite
não ouço a voz de minha mãe
nem a briga na fila do banho

a casa silente
faz morada para lembranças

e aos olhos fecharem
ouvirei pelo corredor
os passos de meu pai

e soluço sob as cobertas:
onde estão meus irmãos
nesta imensa casa vazia?

dalva
estrela alva
do céu acalma
a atribulada alma

enquanto na palma
da mão procura
traços da loucura
e no caminho salva
a agitada alma

dalva
estrela alva
de luz baça
e intranquila calma

sabes quantos nomes tenho
e de quantas lembranças
se faz meu hoje
de quantos passos meu amanhã?

queres
mesmo assim
a minha cama?

não basta o que roubaste?

o semear
Para Ricardo Viveiros

perdi o tato
perdi o fato
o prato o guardanapo

o tempo

senti o risco
que nasce onde?
desenha o corpo
a mão e a face

antes da tarde
tarde a noite durou
perdi a flor
que na madrugada em pétalas explodiu
cheiro e cor
e no horizonte a manhã se foi

acaricio, terra áspera
sinto a mão ávida
por plantar
percebo o estar

arar deixar e explodir
e calo em mim a dor
olhos que me viam
sinto a vida gritar em silêncio
e no incompreendido me deixo em luta
braço de homem a cuidar da lavoura

a devorar o momento
dever e guia
o dever
guia

e deixo a cabeça sobre a terra
ouvido colado
à procura dos sons que se foram
flor e semente
esperança do semeador

de que adianta calar
se o grito veio à garganta

meio da rua
festa de casamento
gravata em reunião

antes de morrer
grito

do que escrevi ontem
retiro letras
hoje, as uso
(outra construção)
para retirá-las amanhã
e reusá-las
(talvez)

o que disse:
ouvido e sentido
empedrou-se

e me passo
me embaço
me embaraço
na presença desse olhar
           desse falar
    me recolho
    me encolho

        e suspiro

    depois o beijo
    corpos

(tarde
tarde da noite
busco-te
como se aqui estivesse)

            em brasa
braço
        embasa
                braço
brasa
        embate
            bate
brasa braço
        pescoço
            oco

em tempos de pavios curtos
perigoso topar
com caixas de fósforos

encostei meus
olhos na janela
(espelho da cidade)

era tarde
tão tarde

esse beijo
grudado de bala
doce saliva
escorre pelo queixo
pelo peito
e pinga pinga
e gruta

solto
no olhar sereno
desfalece
em incontido desejo

a voz de meu tempo
questiona e luta
e brava empunha
desejos de paz
é voz excluída
de gente perdida
desejo de vida
em busca tenaz

a voz de meu tempo
nas ruas morrendo
famílias vivendo
de ossos sugados
é voz esquecida
da miséria da vida
do povo que busca
viver, nada mais

espelho de noite
olhos de três dias
frio
frio
frio
    traz-me tristeza

existe o medo
entre os homens
e muita valentia

e pouco amor
mãos perdidas no silêncio
pouco passear pelo parque

há o sorriso escondido
e o ódio
há o rosto de ódio
e o beijo guardado

(distante a mulher pariu)

em cruz
o ódio sobreviveu

a morte do alcoólatra
morreu bêbado

a morte da advogada
morreu tentando

a morte do cirurgião
passe-me a faca

a morte do psicanalista
morreu sem entender

a morte do jornalista
morreu calado

a morte da poeta
morreu na letra

a morte do coveiro
nasceu uma flor

a morte do cozinheiro
no trigésimo dia do regime

a morte do juiz
o que é que fiz?

a morte do político
sifilítico

a morte do padre
era meu compadre

a morte de meu irmão
irmãos não morrem

a morte da galinha
canja na vizinha

a morte do amor
gosto de isopor

a morte da aurora
antes que o dia nasça

fuligem de queimada pela janela
no (quase) coração de são paulo
sem vento nem fumaça

não
não o homem que fuma na esquina
nem a padaria Monte Líbano
tão poucos terrenos baldios

fuligens de queimada pela janela
no (quase) coração de são paulo
o sofá pinta-se vagarosamente de preto
ante meu olhar impassível

gosto de ouvir o mundo

em silêncio
(mesa de trabalho)
poetizá-lo
cronicá-lo
romanceá-lo
contá-lo

                        como piercings
                        em jovens narizes

macio doce
doce de leite
suave gosto
gosto de beijo
andar esquecido
vida esquisita
cheiro de terra

ah meu Deus
como é bom

sol emergente
mata as sombras dos prédios
ônibus transportam
a busca pela sobrevivência
dependuram-se nos fios
metrôs enfileirados
equilibram-se em trilhos

a cidade acorda
e ouço o grasnar das maritacas

na calçada
o síndico
frente ao zelador
gesticula o incompreensível

Maria sofreu no gólgota
as mães a cada dia
em entrelaçamento de fios
no todo de todos nós

meu último pensamento
quero suave
como a bruma
que se dispersa
ao incorporar o dia

poema jamais urdido
sem palavras
sem riscos
nem construções

último pensamento vazio
sem ar
oco
como o espaço sideral

                        minha força
            amada
a tua armada

visões de dor e medo
tristeza e morte

r e d e c o r t e r

passa passado imagens na memória

em tuas puídas fardas
gotas de sangue mal lavadas
em meu peito?
o rancor adormecido

a brisa de agora
retira cinzas
reaviva o que para sempre
dormir devia

tua vergonha
meu medo

— e essa lágrima que pinga?
— de guerra e vida?
novo sangue
em nova luta

o mundo é de pedra
todo de pedra
as ruas
as casas
as árvores
os homens
todos os homens de pedra

de repente
a brisa do nada
faz o balé de areias
neste mundo de pedras
a água
gota a gota
fura o mundo de pedras

e meus olhos incompreendidos
derretem o mundo de pedras

na calada da noite
a noite calada
o cão ladra
— pega ladrão, grita o padeiro
— que ladrão, que nada
sou eu, seu Antônio

pela madrugada
a chaminé derruba sobre a cidade
o cheiro da lenha queimada
no pão de todas as manhãs

nada é mais estranho
do que beijo de saudade
não só ele
o reencontro
mãos que se comportam e conferem
bocas que se tocam riem e falam
braços que apertam, desapertam
e o insistente olhar de incredulidade

não se morre em terra
se da boca em beijo úmido
encontrar o caminho do mar

do céu
a água esparge
e no corpo molhado em brasa
o coração quase explode

o bem
que mal tem?

onde se escondem
as tenções?

tensões do corpo
alma dispersa

no bem
o mal tem

o carpir

cara inchada
madrugada
que encara a enxada
em repetidas glebas

é cara de lida e de luta
cara que encara a bruta saga

enxada em punho
inchado o punho
em cada sulco
nossa jornada

o coração se despedaça
pelo homem que fui
guardado em canto de memória

parte de mim olha e sonha
outra segura com furor
raízes em metros fincadas

e assim me despedaço
não só o coração
todo o corpo de homem sem presente

poeminha para Cássia Janeiro

Cássia de todas as letras
Cássia de todas as dores
Cássia de tantos ensinos
Cássia de amor verdadeiro

é nossa a Cássia primeiro
de poesia cantos e contos
é nossa Cássia de encantos
a linda Cássia Janeiro

das traições de Cleonice

quero que o mundo se acabe
antes que diga amém

— amém

pensei que ficaria comigo

a casa

e é de mim feita esta casa
impreciso desejo
a porta
a janela
a luz que em fresta escapa e entra
ilumina o soalho
o quadro da família
a mobília puída em pó deixada

alguns saíram rápido
outros a seu tempo
perdidos a abandonaram
tirados a força antes de ruir
até que não guardasse teto

hoje a memória da casa
mora em todos os cantos
e ouço nos sonhos
o uivo do vento a roçar as paineiras
quando das tempestades surgia a vela de azeite
e os baldes socorriam as goteiras intermináveis
como os partos de minha mãe
os sonhos de meu pai
e o soluço de cada irmão

o horizonte em riscos de caneta
fez-se
agudo
algodão
algo não
a mão risca
arrisca
e suplica

o infinito zune
como a ouvir asteroides
(noite)
e de quanta escuridão
é feito o silêncio?

onde moro
caio e me entrego
esfrego os pés pela sala
calo o grito nas quatro paredes
em redes de teias
aranhas balançam
flutuam
sob o sopro de meu pensar

alguém que comigo não mora
habita este espaço
e grita e fala e chora
esbraveja
tece uma dor que me arrasta

a mão sobre o espelho é minha
o rosto o corpo que toco é meu
como se nada além de mim
ouvisse o sussurro do medo

onde nasce o cheiro de mato
na tarde que abraça o silêncio
estrela pinga
    pinga   pinga   pinga
      pinga   pinga
pinga   pinga   pinga

e cerro a imagem para
a mudez de minha boca
em pensamentos
(estradas e abismos)

        o céu não suga
        a terra não assusta
        e o orvalho umedece a face

meus olhos buscam
os olhos que partiram

passo
como passa a onda
mar invencível
tormenta a segurar continente
(insano)
o fustigar a construir a praia
palha
que não é água nem pedra
roça
areia de ondas
que avança e recua
escapa permite e inibe

continente
se do farol sobre os rochedos
olho a imensidão que inebria
além do nada
olho o sol o sal o pranto o canto
olho o vulto
que se arrasta nessa imensidão

leblon's

pobre leblon
pobre leblon desnudo de máscara
pobre leblon

corpos sarados, esguios
desviam da vida do povo o encanto que tem
se não por Nara
viveria o castelo
consumo de drogas
espalhando nos morros
miséria sem fim

pobre leblon

teta sugada
família ingente
grave momento
de dor e prazer
    nasceu nossa filha
depois de três homens
que sorte ela tem?

do couro do povo
a correia se faz
da fome do pobre
necessário tirar
a marmita doada
nas ruas esquecidas
pobre leblon

　　　　　o leblon tem cor
　　　　　de alvíssima pele
　　　　　de castas tão nobres
　　　　　VIVA O LEBLON!

de vinhos tão caros
de festas tão nobres
de mundos distantes
　　　　　　distantes de nós
pobre leblon
desnudo de máscaras
em pura verdade
na pura verdade da elite nefasta
da chibata eterna
que suga e escraviza
que aperta o botão
do nono andar
pobre leblon

　　　　　leblon que destrói florestas
　　　　　e grita em festas:
　　　　　– somos leblon

　　　　POBRE LEBLON?
　　　　QUE POBRE O CARALHO!
　　　　QUE POBRE QUE NADA!

é pobre que nada
na merda da vida
esquecida tormenta de povos insanos

que merda leblon
que merda que nada

leblon é a elite desnuda
nua verdade
de séculos e séculos AMÉM

        VIVA O LEBLON!
        MORTE À FAVELA!

gritam sem máscaras
em uníssono
queridos leblons

amigo

os olhos veem o que a mente quer
semente que brota
olha a bota esquecida no canto da porta
aborta o pensamento
barro que acumula na memória
história da carochinha pra criança dormir

dorme que te quero sempre junto a mim
dorme dorme dorme

no bico do realejo
o desejo de ser feliz

"encontrarás um amigo que te fará feliz"

amigo não traz felicidade
amigo traz tormenta
amigo faz a cabeça girar, ora como a terra, ora como
                                                         [peão
amigo dá saudade, dá desespero, amigo causa ciúmes
                                                  [amigo é confusão
acreditamos ser amantes do amigo
queremos ter filhos com o amigo
queremos beijar a boca do amigo
queremos criar laços com o amigo
para que não paire a desunião
mas amigo sabe a distância da compreensão
amigo traz a tormenta da presença sem estar
convulsão sem sentido
tem hora que queremos ter o amigo e não o amor

hora o amor junto ao amigo
e o martírio ao imaginar
onde andará o amigo
é que o amigo (imprescindível ser) nos confunde
deixa-nos crer que nos supre até do amor
e dentro da tormenta em saber se é amor ou amigo
basta
um momento de dor

o casal chorava no ponto de ônibus
nesta manhã de sábado
soluços desmedidos
nesta manhã de sábado
porta de hospital

pai e filha choravam no ponto de ônibus
nesta manhã de sábado
soluços desmedidos
outros ao lado em silêncio
eu?
correndo correndo correndo

mãe e filho choravam no ponto de ônibus
rua Juventus
porta de hospital
e esse passar que tarda
e essa dor que não cessa
e as lágrimas se avolumam
neste momento de dor

irmãos choravam no ponto de ônibus
amigos choravam no ponto de ônibus
talvez desconhecidos
para chorar prescinde a perda
não a lágrima de quem perdeu

choro neste ponto de ônibus

qual o seu telefone
apelido ou nome?
qual a cor de seu cabelo
no espelho?

escreve na folha e deixa no vento
um momento...
está lendo meu pensamento?

sob a pele negra
tingida de sangue
havia carne
e coração
e coragem
e pensamentos
sob a pele negra
tingida de sangue
sonhos
tantos sonhos morreram

som
som
som
zunido
eco
esquecido
no oco do ouvido

sonetinho na chuva

quem olha e não me vê
quem passa e não acena
encena algum trejeito
— suspeito! — logo digo

o olhar em mim se acalma
a mão na mão conforta
importa a boca o jeito
— respeito! — assim exijo

distante a linha tênue
que da terra o céu separa
jogou-me quieta a pensar
naquele homem suspeito
a faltar com o devido respeito
na hora de me beijar

soneto aos andarilhos

é certo medo no segredo enfastiado
é tanta folha caída em chão de pedra
é desespero em olhar a vil tormenta
no lancinante o aceno em magra mão

vai criança no caminho empoeirado
vai o pai, a mãe no olhar que medra
esperança no trocado e afugenta
a tortura da fome em ventre são

ao nada que no nada nada vira
a lágrima que seca na face envolta
pelo vento que de frio a pele corta

ao tudo que de tudo o nada tira
ao tombar no caminho sem revolta
os passos restarão na estrada morta

soneto de tripa

eita:
sai
da
qui

sério:
vai
pra
lá

opa
nem
tanto
olha
rebeca
no canto

    sorte
           abraça
           o
           tempo
e envolve-me
antes de cair
           penduro-me
corda da vida

           atrevo

trevos?
           tenho, e flores
quatro folhas?
sim
e de incontáveis pétalas

cuidado com os espinhos

tenho dor de dedo
quando escrevo
de consciência?
quando penso

tinha o nó
que brigo e ato e desato
aperto e desaperto
(dele a pedra
meu o nó)

o nó se faz no caminho
do caminho se faz o nó

no serpear de passos
nas conquistas e derrotas
o nó
na alegria e na dor
no esquecimento

o nó da gravata
o nó do sapato
o nó do soluço a conter a lágrima
o nó
resto de laços que tentei preservar

da praia vi os barcos
levarem as velas coloridas
empurradas pelo vento
(acariciam a memória)
a areia áspera
sinto sob os pés
ao caminhar

a brisa que me toca
traz o que se perdeu

a memória puída
busca lembranças
(jeans, bermudas?)
é possível o cheiro
o calor do tempo
mas o nome foge
para recônditos

assim te coloquei: Maria
por ora
até que saias de meu esquecimento

antes que o sol nasça
o saudar da manhã
e que o dia corra e a noite chegue

essa visão de passageiro
alucina
              em delicada volúpia

coloco-me inútil
para preguiçar todo o dia
mesmo para a água na geladeira
para o controle da tevê
a cortina

as pálpebras abrem dificultosas
quando busco um resto de imagem
e o som que aos ouvidos chega
(sem que peça)
é por demais custoso

a tarde cansada permitirá a noite
o sono e os sonhos
gostaria da pena
sobre branco papel
deslizando deslizando deslizando
até que nasça a palavra:
ramela

sonetinho na garoa de sábado

não é luz que vejo na janela
é clarão do passado esquecido
e pegou-me assim desprevenido
que tardei a falar o nome dela

dos beijos confesso-me esquecido
dos abraços o calor é fria aragem
pois tentei e faltava-me a coragem
ao pesar o momento sem sentido

estanque vi que a vida renasceu
suave olhar no meu se envolveu
como a buscar brinquedo esquecido

e com lágrimas de dor julgada morta
do sentimento assim abriu a porta
ao volver o amor adormecido

passei o tempo inebriado
pela dor que não existe
— pega, moça, assopra
sem traje de banho
nua como a aurora

depois
quando seu corpo fez sombra
sumiu pela praia, junto às gaivotas
cantando alegre
como se amasse todos os homens

a cidade não tem lua
nem sinos para a missa do domingo
e a serra
(ferro tijolos concreto)
observa-me
sem nada entender

na penumbra do mundo o povo vive
animal cativo
migalhas o sacia, leda liberdade
nos desejos recônditos julga-se livre
injustiçado em prisão sem esperança
além da espera da vida sem sentido

morreu o bebê de fome
viva a liberdade!
morreu antes do passo o homem
viva a liberdade!
morreu antes do gozo da meretriz
viva a liberdade!
e da esposa que só queria ser feliz
viva a liberdade!
morreu quem justiça bradava
viva a liberdade!
pela mão que a arma empunhava
viva a liberdade!

e no centro do país brasil
sob o lindo azul anil
os poderes por bilhões conspiram
e os olhos fingem que não viram
a podridão nas ruas das cidades
e em êxtase todos gritam:
— viva a deificada liberdade!

a luz da miséria
o nome
a fome de comida
a dor
a esperança encaixotada
o medo
as ruas em abrigo
a flor

AGRO É BRA

este abraço tem nome
é o nosso abraço de fome

      juro que não beijei a boca da Maria
agora
da Joana
não juro

mas foi ligeiro
como brisa
carinho suave

coisa
que não me lembro mais

Índice de poemas

11	o poema de itabira
12	esse caroço de manga
13	o laço bem dado
14	augusto dos cantos
15	emilly rebeca
17	furúnculo na pele
18	do prostíbulo
19	a escada leva à igreja
20	os mortos ficam pelo caminho
21	soneto da confissão
22	a flor da montanha
23	a fossa se acabou
24	a memória de ontem
25	Moïse
27	o pé na jaca
28	queima de pinga
29	abraço-me ao tempo
30	ao tempo em que o mar
31	a lua ovalada
32	Canavieiros
33	prende-se à teia
34	pensei, neste resto de dia,
35	dalva
36	sabes quantos nomes tenho
37	o semear
39	de que adianta calar
40	do que escrevi ontem
41	e me passo
42	em brasa
43	em tempos de pavios curtos
44	encostei meus
45	esse beijo

46 a voz de meu tempo
47 espelho de noite
48 existe o medo
49 a morte do alcoólatra
51 fuligem de queimada pela janela
52 gosto de ouvir o mundo
53 macio doce
54 sol emergente
55 Maria sofreu no gólgota
56 meu último pensamento
57 minha força
58 o mundo é de pedra
59 na calada da noite
60 nada é mais estranho
61 não se morre em terra
62 do céu
63 o bem
64 o carpir
65 o coração se despedaça
66 poeminha para Cássia Janeiro
67 das traições de Cleonice
68 a casa
69 o horizonte em riscos de caneta
70 o infinito zune
71 onde moro
72 alguém que comigo não mora
73 onde nasce o cheiro de mato
74 passo
75 leblon's
78 amigo
80 o casal chorava no ponto de ônibus
81 qual o seu telefone

82 *sob a pele negra*
83 *som*
84 sonetinho na chuva
85 soneto aos andarilhos
86 soneto de tripa
87 *sorte*
88 *tenho dor de dedo*
89 *tinha o nó*
90 *da praia vi os barcos*
91 *a memória puída*
92 *antes que o sol nasça*
93 *coloco-me inútil*
94 sonetinho na garoa de sábado
95 *passei o tempo inebriado*
96 *a cidade não tem lua*
97 *na penumbra do mundo o povo vive*
98 *a luz da miséria*
99 *juro que não beijei a boca da Maria*

© 2022, Fernando Dezena
Todos os direitos desta edição reservados à
Laranja Original Editora e Produtora Ltda.

www.laranjaoriginal.com.br

Edição **Germana Zanettini**
Projeto gráfico **Arquivo [Hannah Uesugi e Pedro Botton]**
Produção executiva **Bruna Lima**
Foto do autor **Arquivo pessoal**

Dados Internacionais de Catalogação na Publicação (CIP)
(Câmara Brasileira do Livro, SP, Brasil)

Dezena, Fernando [1960-]
    Difuso / Fernando Dezena; prefácio Ricardo
Viveiros. — 1. ed. — São Paulo: Editora Laranja Original,
2022. — (Coleção Poetas Essenciais; v. 15)

ISBN 978-65-86042-56-6

1. Poesia brasileira
I. Viveiros, Ricardo. II. Título. III. Série.

22-128438   CDD-B869.1

Índices para catálogo sistemático:
1. Poesia: Literatura brasileira B869.1

Cibele Maria Dias — Bibliotecária — CRB-8/9427

Fontes **Gilroy e Greta**
Papel **Pólen Bold 90 g/m²**
Impressão **Psi7 / Book7**
Tiragem **200**